INSTITUT DE FRANCE.

ACADÉMIE DES SCIENCES MORALES ET POLITIQUES.

DES CAUSES QUI INFLUENT

SUR

LE TAUX DE L'INTÉRÊT

ET DES

CONSÉQUENCES DE LA BAISSE DU TAUX DE L'INTÉRÊT

PAR

M. PAUL LEROY-BEAULIEU

Mémoires lus dans les séances des 6 et 20 novembre 1886.

PARIS

TYPOGRAPHIE DE FIRMIN-DIDOT ET Cᵢᵉ

IMPRIMEURS DE L'INSTITUT DE FRANCE, RUE JACOB, 56

M DCCC LXXXVIII

DES CAUSES QUI INFLUENT

SUR

LE TAUX DE L'INTÉRÊT

ET DES

CONSÉQUENCES DE LA BAISSE DU TAUX DE L'INTÉRÊT

PAR

M. PAUL LEROY-BEAULIEU

Mémoires lus dans les séances des 6 et 20 novembre 1886.

M. Paul Leroy-Beaulieu communique à l'Académie des fragments d'un ouvrage qu'il se propose de publier sous le titre d'*Essai sur la répartition des richesses et sur la tendance à une moindre inégalité des conditions* (1). Ces fragments ont pour objet l'étude des causes qui influent sur le taux de l'intérêt et la recherche des conséquences économiques et sociales de la baisse du taux de l'intérêt. Il a paru à M. Paul Leroy-Beaulieu que les questions très

---

(1) Cet ouvrage a depuis lors paru à la librairie Guillaumin.

diverses se rattachant à ce phénomène avaient été jusqu'ici insuffisamment étudiées.

Ce que nous voulons rechercher dans ces études, dit M. Leroy-Beaulieu, c'est la manière dont le développement de la civilisation affecte et modifie la situation des capitalistes et des rentiers, des personnes qui vivent du revenu d'une épargne antérieure ou qui cherchent à se faire une fortune par les produits accumulés des capitaux qu'elles ont déjà. La plus grande partie de la classe moyenne, *robur nationum*, est aujourd'hui dans ce cas. Gagne-t-elle en étendue d'abord, c'est-à-dire fait-elle des recrues de plus en plus nombreuses dépassant largement les pertes qu'elle subit? Gagne-t-elle ensuite en indépendance, c'est-à-dire maintient-elle et accroît-elle sans trop d'efforts sa position, soit absolue, soit relative dans la société?

Cette question est grave : la situation des rentiers et celle des capitalistes sont influencées par deux causes principales : le taux de l'intérêt et le mouvement des prix. Capitalistes ou rentiers, en effet, vivent de l'intérêt, économisent sur l'intérêt, augmentent leur fortune par des prélèvements sur l'intérêt. Parfois ils peuvent aussi élever leur situation par des spéculations heureuses, mais c'est un bonheur rare et qui n'échoit qu'à peu de gens. Une spéculation heureuse, c'est le gain du petit nombre sur le grand nombre, c'est l'avantage d'un esprit avisé, sagace, expérimenté, actif, sur l'esprit engourdi, indifférent, négligent ou ignorant, de la foule. Si quelques capitalistes peuvent grandir par la spéculation, la masse des capitalistes et des rentiers vit ou s'élève par l'intérêt des capitaux.

Rentiers ou capitalistes, en outre, ne reçoivent directement en partage et ne produisent, d'ailleurs, aucune marchandise spéciale, déterminée, d'une consommation immédiate, comme la viande, par exemple, le pain, les vêtements, le charbon, le bois, etc. Ils ne produisent et ils ne reçoivent directement en partage que cette marchandise générale, universelle, que l'on appelle, par des noms vagues, argent ou capital, et qui donne droit à un certain nombre des autres produits réellement consommables, d'après le cours de ces derniers produits relativement à cette marchandise générale. Le sort des rentiers et des capitalistes est donc affecté par tous les changements qui peuvent arriver dans le rapport de valeur entre toutes les marchandises spéciales, déterminées, consommables, directement utiles ou agréables, et la marchandise générale, indéterminée, qui s'appelle l'argent, la monnaie, donnant droit à tout, mais dans une proportion variable.

La situation des capitalistes et des rentiers, situation absolue et situation relative dans la société, dépend donc de deux causes : le taux de l'intérêt et le mouvement des prix des denrées et du travail humain. C'est une croyance assez générale que le taux de l'intérêt a une tendance à baisser toujours ; aussi certains économistes en concluent-ils que nous marchons, que nos arrière-neveux arriveront à l'état stationnaire, et Stuart Mill fait de cet état une peinture riante, non sans quelques ombres. Il est intéressant et instructif de suivre dans l'histoire des sociétés civilisées le sort de l'intérêt de l'argent, des variations qu'il a subies et des causes de ses oscillations, de chercher si de cet examen on peut dégager une tendance générale.

Il est assez habituel de dire que le taux de l'intérêt est fixé par l'offre et la demande. C'est là une vérité tellement claire qu'elle est du nombre de celles que les Anglais appellent des *truisms*. La loi de l'offre et de la demande est, cependant, une loi tellement générale, tellement vague, apportant à l'esprit si peu de données précises qu'en réalité elle n'explique rien. Elle a le défaut de laisser dans la plus complète obscurité les points les plus importants ; c'est ainsi qu'il est désirable de savoir lequel de ces deux termes varie, de l'offre et de la demande. Les capitaux obtenaient un intérêt plus considérable au moyen âge qu'à l'époque actuelle ; était-ce parce que la demande en était alors plus active qu'aujourd'hui, ou parce que l'offre en était plus réduite? Il faudrait savoir ce qui, dans les différentes situations économiques, détermine tant l'offre que la demande des capitaux. Deux faits nous paraissent les déterminer : c'est la productivité même des capitaux et le degré de sécurité dont ils jouissent.

Les capitaux ne sont pas également productifs dans toutes les sociétés et dans tous les âges d'une même société. Ainsi dans une société naissante, dans une colonie, un pays neuf, quand tout encore est à créer, les capitaux, indépendamment de toute offre et de toute demande, sont infiniment plus productifs que dans une vieille société où la plupart des œuvres d'une utilité de premier ordre sont achevées. De même encore dans certaines périodes de la vie sociale, alors qu'on vient de faire et qu'on applique une grande découverte transformant les moyens de production ou de communication, les capitaux sont infiniment plus productifs qu'ils n'étaient avant cette découverte et qu'ils ne le seront quelques années après. Dire que c'est l'offre et la demande qui fixent le taux de l'intérêt, c'est émettre une proposition vraie, mais d'une vérité qui ne dit rien à l'esprit. Dire que le taux de l'intérêt dépend de la production moyenne des nouveaux capitaux créés dans le pays ou survenant dans le pays (1), c'est émettre une proposition à la fois scientifique et d'une grande importance pratique, car elle permet au savant de faire des prévisions certaines sur la marche du taux de l'intérêt dans l'avenir et dans les diverses contrées. Le second élément du taux de l'intérêt, ce sont les conditions de sécurité.

Celles-ci ont singulièrement varié dans l'histoire ; il faut distinguer les conditions de sécurité propres à la personne même de l'emprunteur et les conditions de sécurité générale pour les transactions dans la contrée. Dans les sociétés primitives ou barbares, les capitaux sont très rares ; les prêteurs sont peu confiants ; les emprunteurs, d'autre part, ne sont pas tels qu'ils puissent triompher de la répugnance de l'homme qui a des épargnes. A ces âges des sociétés, les emprunteurs sont en général des hommes besoigneux, nécessiteux, ou des prodigues, ceux qui ont mangé leur bien, ou qui le mangent, ou du moins ceux

---

(1) Nous disons : *la productivité moyenne des nouveaux capitaux ;* en effet, la productivité moyenne des anciens capitaux qui sont pour la plupart incorporés en terres, en maisons, en fabriques, n'exerce plus aucune influence sur le taux de l'intérêt : elle contribue seulement à augmenter ou à diminuer la valeur vénale de ces capitaux. C'est l'abondance ou la rareté des seuls *capitaux circulants* qui influe sur le taux de l'intérêt ; l'abondance ou la rareté des *capitaux fixes* n'a pas la même action.

que quelque calamité a plongés dans une grande gêne. Il ne se fait donc guère alors que des prêts destinés à des dépenses voluptuaires ou au soutien même de la vie de l'emprunteur; ce sont toujours là les prêts les plus hasardeux, ceux qui tentent le moins l'homme à la fois honnête et prudent. Il en est autrement à une autre période de la vie des sociétés; ceux qui empruntent alors, ce sont surtout les hommes actifs, entreprenants, intelligents, les industriels soit individuels, soit réunis en associations : le prêt n'est plus alors un prêt voluptuaire, ni un prêt sollicité par la pauvreté, c'est un prêt que demande l'esprit d'entreprise avec toutes les chances de gain qu'il a devant lui.

Dans ces sociétés primitives, ce ne sont donc pas seulement les conditions générales de sécurité qui manquent, faute de police, de tribunaux impartiaux et de lois régulièrement appliquées : ce sont aussi les conditions de sécurité particulières à la personne de l'emprunteur. Si l'on nous permet cette expression, la catégorie des emprunteurs est, dans les sociétés primitives, d'une moindre qualité que dans les sociétés plus avancées.

Aussi le taux de l'intérêt est-il dans les premières très élevé. Si l'offre des capitaux est faible, cela ne vient pas seulement de ce que les capitaux n'abondent pas : ils sont peu abondants en effet, mais surtout leurs possesseurs ne veulent pas s'en dessaisir; non pas qu'ils les emploient eux-mêmes, d'ordinaire ils ne sauraient leur trouver d'usage très productif, mais ils craindraient de les perdre s'ils les laissaient sortir de leurs mains. Ce qui prédomine alors, c'est la thésaurisation; et il faut un intérêt singulièrement haut pour prévaloir contre cette habitude que justifient les conditions sociales du temps ; même l'élévation du taux de l'intérêt ne parvient pas en général à triompher de la prudence de la plupart des épargnants ; mais il se crée alors une classe particulière de gens, véritables marchands d'argent, tantôt les juifs, tantôt les lombards, qui, faisant métier d'être prêteurs, divisant leurs risques, se faisant donner des gages qu'ils savent évaluer à bas prix, consacrant leur activité personnelle à la tâche difficile de faire rentrer les prêts venus à échéance, arrivent à prospérer là où les simples prêteurs de capitaux épargnés auraient eu les plus grandes chances de se ruiner.

La loi des Wisigoths permettait un intérêt de 12 1/2 o/o pour les prêts d'argent, de 5o o/o pour les prêts de marchandises. Les lombards et les juifs en France au XIIIe siècle prélevaient en moyenne 20 o/o ; dans le Nord de l'Italie, au XIVe siècle, l'intérêt allait de 10 à 20 ; à la même époque, il s'élevait jusqu'à 6o ou 70 o/o dans le Rheingau ; mais sur ce taux énorme il y avait des taxes à payer à l'archevêque. Dans les pays orientaux, en Turquie, en Égypte, de notre temps, on a vu l'intérêt s'élever à 20, 3o ou 4o o/o ; les bons du Trésor du dernier khédive d'Égypte, avant toute réduction des intérêts de sa dette consolidée, se sont escomptés à 25 o/o, et c'est, dit-on, à 4o ou 5o o/o que les prêteurs fournissent de l'argent au fellah, sur gage de récoltes, pour le paiement des impôts qu'on lui extorque (1).

Dans ces énormes rémunérations, la prime d'assurance

____

(1) Ces faits sont antérieurs à la dernière réforme égyptienne.

tient la plus forte partie : on prête à la grosse aventure ; le prêt est alors presque une loterie, les conditions générales de sécurité offertes par le pays étant faibles, et celles qui tiennent à la personne de l'emprunteur ne l'étant guère moins.

Dans les colonies civilisées, dans la plupart des pays neufs, le taux de l'intérêt est aussi très élevé, souvent aussi haut que dans les contrées primitives, mais pour des raisons très différentes. Ce n'est pas que l'insécurité des transactions soit particulièrement grande dans ces contrées ; elle l'est sans doute un peu plus que dans les pays du vieux monde, mais elle l'est beaucoup moins que dans les sociétés primitives ; la qualité des emprunteurs, pour employer une expression qui donne une idée juste, est aussi un peu plus faible dans ces pays neufs que dans les pays plus anciennement cultivés, parce qu'il y a dans les premiers plus de commerçants, d'industriels, d'entrepreneurs téméraires. Ce ne sont là, toutefois, que des circonstances secondaires. Quelles sont donc les raisons particulières de ce taux élevé de l'intérêt dans les jeunes contrées ? C'est, dira-t-on, la rareté des capitaux et l'on reviendra ainsi à la célèbre loi de l'offre et de la demande. Sans doute, cette rareté explique bien quelque chose, mais non pas tout. La vraie cause, la principale, du taux élevé de l'intérêt dans les pays neufs, c'est l'énorme productivité des capitaux qui y dépasse de beaucoup la productivité des capitaux dans les vieilles sociétés. En 1850, dans l'Australie du Sud, on trouvait à faire des prêts en pleine sécurité à un taux d'intérêt de 15 ou 20 o/o. Vers 1840, aux États-Unis, l'intérêt était de 6 o/o en Pensylvanie, de

7 o/o à New-York, de 8 à 10 o/o dans les États du Sud.

Pourquoi les capitaux sont-ils si productifs dans les contrées neuves? Parce que les premières œuvres de la civilisation, celles qui de beaucoup rapportent le plus relativement à la dépense, ne sont pas achevées; parce qu'il reste d'excellentes terres vacantes qui produisent beaucoup à peu de frais; parce qu'il y a des mines qui fournissent une ample rémunération aux premiers travaux; parce que le commerce est plus actif et la population plus rapidement croissante. L'intérêt des capitaux n'est pas le plus haut dans les pays qui sont les plus riches; dans ceux-ci il a tendance à baisser, on pourrait presque dire tendance à disparaître; mais l'intérêt des capitaux est le plus élevé dans les pays où la richesse s'accroît le plus vite, où le champ vierge ouvert à l'activité de l'homme est le plus étendu, où l'impulsion des affaires est la plus forte. Comme une mine, une société finit par s'épuiser, non pas qu'elle se vide; mais il arrive un moment où il ne reste plus beaucoup à faire dans son sein, où elle n'a plus d'œuvres très productives à entreprendre chez elle et où elle doit chercher au dehors la matière première nouvelle qu'elle peut mettre en œuvre. Aussi l'intérêt est-il toujours plus élevé dans les jeunes contrées civilisées que dans les anciennes.

C'est une croyance qui trouve beaucoup d'adhérents que l'intérêt du capital va toujours en baissant, d'où quelques personnes, Proudhon entre autres, tirent la conclusion qu'il finira par tomber à rien. C'est un raisonnement du même genre que celui qui conclurait de la faculté qu'a l'homme de réduire sa nourriture, à mesure que ses occupations deviennent plus élevées, qu'il finira par ne plus manger du tout.

Cette proposition que le taux de l'intérêt va toujours en baissant n'est pas complètement vraie ; et ce qui est complètement faux ce sont les conséquences que souvent on en tire. Les économistes les plus célèbres, Turgot, Stuart Mill, ne nous paraissent pas sous ce rapport à l'abri de critiques sérieuses.

Ce qui est incontestable, c'est la tendance à la baisse du taux de l'intérêt. Trois raisons la déterminent. En premier lieu, l'accroissement de la sécurité des transactions, nous parlons ici de la sécurité juridique, car il reste toujours un aléa qui provient de la malhonnêteté et des fraudes de certains emprunteurs ; il y a en outre des aléas nombreux qui tiennent à la nature de certaines entreprises. Cet accroissement de la sécurité fait que, dans la plupart des cas, la prime d'assurance, qui entrait autrefois pour une si grosse part dans le taux de l'intérêt, devient insignifiante ou absolument nulle. La seconde cause qui détermine la tendance à la baisse du taux de l'intérêt, c'est l'augmentation incessante de l'épargne. Toutes les institutions de notre civilisation, on le verra plus loin, tendent à rendre l'épargne plus générale et plus active : il n'y a pas de doute que la proportion de la production annuelle qui est prélevée par l'épargne ne soit plus considérable aujourd'hui qu'autrefois ; l'épargne n'augmente donc pas seulement dans la mesure de l'augmentation de la production ; elle s'accroît plus rapidement encore. La troisième cause qui détermine la tendance à la baisse du taux de l'intérêt, à l'avilissement du taux de l'intérêt, et, croyons-nous, la plus énergique, c'est la diminution de productivité des nouveaux capitaux créés; l'emploi du capital, au delà d'une certaine limite, devient de moins en moins rémunérateur. Quand la société a déjà profité de nombreuses améliorations, il devient plus difficile, il deviendra peut-être un jour presque impossible d'en effectuer de nouvelles qui soient considérables. Aussi ne parlons-nous pas seulement de la baisse du taux de l'intérêt qui est un bien, mais de l'avilissement du taux de l'intérêt qui est un mal. Sans anticiper sur les observations que nous présenterons tout à l'heure, citons un exemple très frappant de cette diminution de productivité des nouveaux capitaux : cet exemple, c'est celui de l'ancien réseau des chemins de fer, et du second ou du troisième réseau; il n'y a aucun doute que les anciens capitaux consacrés à la première œuvre n'aient été trois fois, quatre fois, dix fois, peut-être vingt fois plus productifs que ne le seront les capitaux de création plus récente qui seront absorbés par le réseau tertiaire.

Nous considérons comme une baisse du taux de l'intérêt, événement utile, fécond, heureux pour la société, la réduction qui provient de l'action des deux premières causes, à savoir l'augmentation de la sécurité sociale et l'accroissement de l'épargne. Nous appelons, au contraire, avilissement de l'intérêt, la diminution qui résulte de la dernière cause, à savoir de la moindre productivité des nouveaux capitaux créés au delà d'une certaine mesure et après certains progrès : or, cet avilissement est un mal. Cette distinction a échappé à Turgot, et Stuart Mill lui-même ne paraît pas l'avoir entrevue avec netteté.

Ces trois causes, deux qui peuvent être considérées comme heureuses et la dernière comme fatale, n'agissent pas avec la même intensité dans tous les temps; et l'action en est souvent soit suspendue, soit entravée par des causes qui agissent en sens contraire. Aussi la tendance à la baisse du taux de l'intérêt a subi bien des interruptions dans l'histoire. L'intérêt habituel aujourd'hui n'est, en définitive, pas plus bas que n'était l'intérêt dans beaucoup de contrées florissantes il y a plusieurs siècles.

Dans le monde romain, sous l'empereur Claude, le taux de l'intérêt était de 6 o/o. Justinien n'autorisait les *personæ illustres* à prêter qu'à 4 o/o, un taux plus élevé paraissant entacher le caractère du prêteur. Passons sur tout le moyen âge, et plaçons-nous au XVIIe siècle. En Angleterre, sous la reine Anne, l'intérêt légal était fixé à 5 o/o (1); sous Georges II, pour les placements de toute sécurité, il n'excédait pas 3 o/o. En Hollande, au temps de Louis XIV, il était tombé à 2 o/o; aussi le nombre des rentiers et des oisifs était-il faible en Hollande: et Descartes disait de ce pays qu'il ne s'y rencontrait presque personne qui n'y exerçât quelque commerce : *ubi nemo non exercet mercaturam.* Dans une contrée qui retenait encore à cette époque les restes d'une prospérité et d'une activité aujourd'hui disparues, dans l'Espagne du XVIIe siècle, les capitalistes prêtaient à des sociétés de commerce moyennant 2 ou 3 o/o d'intérêt. On raconte qu'en Hollande il arrivait aux

---

(1) C'est en 1714, à la fin du règne de la reine Anne, que le taux légal de l'intérêt des capitaux fut abaissé de 6 à 5 0/0. C'est alors que commença la période des conversions de la dette publique britannique au XVIIIe siècle. (Voir notre *Traité de la science des finances,* t. II.)

capitalistes de verser des larmes quand les emprunteurs solvables leur remboursaient les capitaux prêtés, si grand était l'embarras pour trouver un placement nouveau. A la fin du XVIIIe siècle, en Allemagne, les caisses de retraite ne calculaient l'intérêt qu'à 3 o/o pour l'établissement des pensions qu'elles avaient à servir.

Ainsi le taux de l'intérêt n'est pas plus bas aujourd'hui en France ou en Angleterre qu'il ne l'était il y a un siècle ou deux dans les pays les plus florissants, à savoir la Hollande, l'Angleterre, les villes maritimes espagnoles et les principales places commerciales d'Allemagne.

Le taux de l'intérêt dans les temps modernes s'est considérablement relevé à deux reprises ; mais la durée de ces périodes de relèvement a toujours été assez courte, ce qui témoigne que les causes de ce phénomène sont de celles qui n'agissent que par accident et passagèrement. Ces deux périodes sont celles de 1790 à 1820 et de 1848 à 1866.

D'où viennent ces interruptions dans la baisse du taux de l'intérêt ou même ces réactions violentes que l'on a ainsi constatées deux fois dans des temps assez rapprochés ? Aux trois causes qui déterminent la tendance à la baisse du taux de l'intérêt, on peut opposer trois autres causes qui, d'une manière beaucoup moins continue, mais souvent avec une brusque et irrésistible énergie, agissent en sens opposé et tendent à faire hausser le taux de l'intérêt. De ces trois causes, l'une doit être considérée comme heureuse et profitable à la civilisation ; la seconde, comme indifférente ; la troisième, comme tout à fait nuisible.

La cause profitable, heureuse pour la civilisation, c'est la découverte de nouveaux emplois très productifs pour les capitaux. Un relèvement du taux de l'intérêt, quand il n'a que cette origine, est essentiellement bienfaisant; c'est ce que Turgot n'a pas pressenti. Notre génération qui a assisté à un phénomène de ce genre, phénomène peut-être unique dans l'histoire de l'humanité, ne peut oublier que parfois la hausse du taux de l'intérêt est un grand bien. C'est ce qui est arrivé de 1845 à 1867 ou 1868; la transformation de l'industrie par l'application des procédés mécaniques, la création de voies de communication plus rapides et moins chères, notamment des voies ferrées, les entreprises de gaz, d'eau, de transports urbains, ont causé, de 1845 à 1867 ou si l'on veut à 1873, une énorme consommation de capitaux; beaucoup de capitaux circulants se sont alors transformés en capitaux fixes; l'épargne à peine née était immédiatement sollicitée de toutes parts et absorbée par les emplois les plus rémunérateurs.

Si le taux de l'intérêt a haussé à cette époque, — il n'a jamais été plus élevé dans une période de calme que de 1850 à 1865, — ce n'est pas seulement que la demande des capitaux était énorme. La fameuse loi de l'offre et de la demande est, nous l'avons dit, une explication superficielle et insuffisante. C'est que le génie humain ou le hasard des découvertes avait subitement livré aux capitaux un domaine tout nouveau et extraordinairement fertile. Les emprunteurs payaient cher non seulement parce qu'ils étaient nombreux et se disputaient cet instrument, le capital, mais parce que les emprunteurs pouvaient alors faire un merveilleux usage de leurs emprunts, parce que cet instrument toujours précieux, mais inégalement précieux, le capital, rendait alors plus de services sociaux, accomplissait plus de transformations heureuses que jamais auparavant et jamais depuis. Une somme quelconque, cent mille francs, un million, avait dans cette période une vertu reproductive infiniment plus grande que quelques années auparavant ou que quelques années plus tard.

Pourquoi les capitaux étaient-ils alors si rémunérateurs et le sont-ils moins aujourd'hui? C'est que tout était à faire dans un monde rajeuni par la science; les inventions de l'esprit humain, il fallait, au moyen du capital et du travail, en faire bénéficier le monde, et les bénéfices étaient énormes. Chemins de fer, entreprises de gaz, d'eaux, de transport en commun dans les villes, toutes ces causes abaissaient considérablement le prix de certains services; celui des transports diminuait des deux tiers, des trois quarts, parfois de plus, pour les marchandises. Il en résultait qu'en faisant de très grands avantages au public, les entrepreneurs de ces progrès pouvaient se très largement rémunérer eux-mêmes, et sur cette rémunération accrue prélever un fort intérêt pour les simples capitalistes.

Voilà la première cause, celle-là très bienfaisante, qui, à certaines époques de l'histoire, arrête la chute du taux de l'intérêt ou même le relève dans des proportions considérables; c'est l'accroissement de la productivité des nouveaux capitaux, par suite de certaines découvertes exceptionnelles et d'une application générale.

Les deux autres causes qui agissent dans le même sens et apportent quelque interruption à la chute du taux de l'intérêt, c'est d'abord l'émigration des capitaux, surtout vers les pays neufs ; ce sont ensuite les guerres, les emprunts d'États et de villes.

Nous avons établi, dans nos études précédentes, que trois causes tendent à déprimer le taux de l'intérêt, à savoir : l'accroissement de la sécurité des transactions ; l'augmentation incessante des capitaux par l'épargne ; enfin, la moindre productivité des emplois pour les capitaux nouvellement formés dans les sociétés déjà vieilles. D'autre part, nous avons constaté que trois causes opposées tendent à faire hausser le taux de l'intérêt : ce sont les grandes découvertes qui créent de nouveaux emplois particulièrement productifs ; c'est l'émigration des capitaux au dehors ; ce sont enfin les guerres et les grands emprunts publics, soit nationaux, soit départementaux, soit municipaux.

Il s'en faut cependant que ces deux séries de trois causes chacune se fassent équilibre et se neutralisent. Les trois causes qui déterminent la tendance à la baisse du taux de l'intérêt agissent presque avec continuité dans l'histoire ; les trois causes adverses ne sont pas permanentes, elles agissent parfois avec une grande violence, une souveraine énergie, mais toujours par soubresauts et à de longs intervalles. Ce sont comme des tremblements de terre qui disloquent les couches géologiques régulières.

En définitive, la tendance qui domine, celle qui peut être considérée comme une loi de la civilisation, c'est la tendance à la baisse du taux de l'intérêt ; et si on l'a trop oublié dans ces derniers temps, si le public a été surpris, depuis quelques années, de la soudaineté avec laquelle cette baisse est survenue, s'il refuse d'y voir un phénomène permanent, normal, c'est que nous sortons d'une période exceptionnelle dans l'histoire du monde, celle de 1845 à 1865, période où l'humanité a transformé tous ses moyens de production industrielle et de commerce, et où il s'est fait plus de changements dans les manufactures et dans les transports en vingt ans qu'auparavant en vingt siècles. Ce qui a retardé l'avènement de cette baisse du taux de l'intérêt, qui est un retour à l'état normal et à la tendance générale de la civilisation, c'est aussi l'effroyable consommation de capitaux faite par les guerres de 1860 à 1865 aux États-Unis, de 1866 en Allemagne et par la guerre de 1870-1871. La baisse du taux de l'intérêt qui se manifestait depuis 1866, qui avait été interrompue de 1870 à 1873, a repris à partir de cette dernière année son cours naturel.

Pour revenir au sujet de ces recherches, quel est l'effet de la baisse du taux de l'intérêt sur la distribution des fortunes et des revenus, sur la situation respective des différentes classes de la nation; enfin, sur le bien-être de l'humanité?

Il y a sur ce point deux doctrines différentes s'appuyant chacune sur de grands noms : d'un côté, la doctrine de Turgot formulée dans une superbe image qui est devenue classique en France et que l'on retrouve avec des commentaires élogieux dans la plupart de nos ouvrages d'économie politique; d'après Turgot, la baisse du taux de l'intérêt est un bien sans mélange. Tout autre est la doctrine de la plus grande partie de l'école économique anglaise, d'Adam Smith, de Mac Culloch et de quelques économistes allemands, Roscher entre autres : une baisse trop considérable du taux de l'intérêt est, d'après eux, un mal social. Stuart Mill n'accepte complètement aucune de ces deux opinions, et tout en raisonnant à peu près comme Adam Smith, comme Mac Culloch et Roscher, il conclut autrement qu'eux.

Chacun connaît la superbe image de Turgot : « On peut « le regarder (le taux de l'intérêt), dit Turgot, comme une « espèce de niveau, au-dessous duquel tout travail, toute « culture, toute industrie, tout commerce cessent. C'est « comme une mer répandue sur une vaste contrée : les « sommets des montagnes s'élèvent au-dessus des eaux et « forment des îles fertiles et cultivées. Si cette mer vient « à s'écouler, à mesure qu'elle descend, les terrains en « pente, puis les plaines et les vallons paraissent et se «. couvrent de productions de toute espèce. Il suffit que « l'eau monte ou baisse d'un pied, pour inonder ou pour « rendre à la culture des plages immenses. C'est l'abon- « dance des capitaux qui anime toutes les entreprises et le « bas intérêt de l'argent est, tout à la fois, l'effet et l'in- « dice de l'abondance des capitaux. »

Ainsi, d'après Turgot, la baisse du taux de l'intérêt amènerait un surcroît d'activité et de production.

Selon Adam Smith, la plus grande partie de l'école anglaise et Roscher, la baisse du taux de l'intérêt, au delà, du moins, de certaines limites, conduirait à l'état stationnaire, au ralentissement de l'activité individuelle et sociale, à une dépression des classes moyennes, à la réduction générale de la vitalité économique, au ralentissement de l'épargne, à l'augmentation des consommations de luxe, à l'accroissement des dépenses de l'État.

De ces deux points de vue, lequel est le plus juste? Nous ne craignons pas de dire, sous certaines réserves, que c'est le dernier. La belle comparaison de Turgot fait plus d'honneur à son imagination qu'à son jugement; elle a le tort de la plupart des images, elle ne reproduit que très imparfaitement la réalité. Il y aurait, sans doute, un peu d'exagération en même temps que de l'irrévérence, à dire que la description faite par Turgot des heureux effets de la baisse du taux de l'intérêt ne contienne aucune parcelle de vérité, mais elle en renferme une bien faible et une beaucoup plus forte part d'erreur.

Il est manifeste que Turgot a confondu l'effet avec la cause, ou que, du moins, parmi les trois principales causes de la baisse du taux de l'intérêt, il n'a entrevu que les deux bienfaisantes, et il a négligé, il n'a pas découvert la troisième qui est essentiellement malfaisante. Si le taux de l'intérêt baisse, ce n'est pas seulement que les capitaux deviennent de plus en plus abondants et que la sécurité des transactions augmente, c'est que les emplois productifs se font de plus en plus rares ; c'est que la nature, après avoir subi certaines transformations, est de plus en plus rebelle à en supporter d'autres ; c'est que, au delà d'une certaine limite, le surcroît de travail et le surcroît de capital deviennent moins féconds. C'est cette vérité capitale qu'a ignorée Turgot ; il lui était permis de l'ignorer ; vivant dans un monde où il y avait tant à faire, avant le prodigieux renouvellement et rajeunissement de la production, il pouvait croire que l'emploi utile des capitaux était indéfini. Nous ne pouvons, quant à nous, entretenir la même pensée.

Certes, jamais il ne manquera de grandes et d'utiles entreprises dans un vieux pays comme l'Angleterre ou la France; mais après des siècles d'activité, et après trente ou quarante années qui ont plus fait que cinq ou six siècles, ces entreprises nouvelles sont moins productives que les anciennes. Le public ne doit pas s'y tromper. On peut faire 20,000, 30,000, 100,000 kilomètres de chemins de fer nouveaux si l'on veut, on peut creuser des canaux, des bassins, faciliter les irrigations, toutes ces œuvres seront utiles, productives, c'est incontestable; mais chacune d'elles, considérée isolément, le sera à un degré moindre que les œuvres analogues antérieures. Considérons les chemins de fer, par exemple : 10,000 kilomètres de chemins de fer tertiaires, gravissant les montagnes du centre, desservant les plateaux, n'auront pas le quart de l'utilité des 800 kilomètres du chemin de fer de Paris à Marseille, quoique ce dernier ait coûté quatre ou cinq fois moins. Un publiciste, couronné par l'Académie des sciences morales et politiques, avait un mot spirituel à propos d'une des lignes de ce réseau tertiaire : une d'elles, disait-il, traversait le Cantal *incognito*. C'est le sort des entreprises humaines que dans un vieux pays, déjà remué, disposé, arrangé par vingt siècles de civilisation, toute somme nouvelle d'efforts et toute nouvelle couche de capitaux, à moins de grandes découvertes nouvelles, soient moins productives que ne l'avaient été dans le passé une somme égale d'efforts et une couche égale de capital.

Cette vérité si simple échappe à l'esprit du public et n'a pas été mise assez en relief jusqu'ici par la science économique. Le public, cependant, ressent très vivement les effets de cette cause dont il ne saisit pas bien la nature, quand il se plaint de la baisse du taux de l'intérêt, de la difficulté de trouver à ses capitaux un emploi. Cette loi de la moindre productivité des nouveaux capitaux au delà d'une certaine limite est voilée aux yeux du public par diverses circonstances dont la principale est qu'aucun des vieux pays ne vit isolé et replié sur lui-même. D'après Stuart Mill, sans les guerres du premier empire, sans les grandes émigrations des capitaux européens en Amérique et en Australie, sans l'expansion soudaine du commerce international à la suite des découvertes de la vapeur et du télégraphe, le taux de l'intérêt serait probablement tombé à 1 o/o dans la Grande-Bretagne. Stuart Mill était encore trop dubitatif, et l'adverbe « probablement » aurait pu être remplacé par l'adverbe « certainement ». Oui, si la Grande-Bretagne avait été un pays isolé, si elle n'avait pas déversé depuis un siècle son activité, son épargne, l'énergie créatrice de ses enfants sur les contrées du Nouveau-Monde, l'intérêt du capital serait tombé à 1 o/o dans cette île, et le pays serait arrivé à l'état stationnaire. Nous regardons, quant à nous, comme très vraisemblable que, dans un délai d'un quart ou d'un demi-siècle, l'intérêt des capitaux dans l'Europe occidentale tombera à 1 1/2 ou 2 o/o pour les placements à long terme de première sécurité. Il faudrait que les contrées neuves, par exemple l'Afrique, fussent très promptement mises en œuvre par les capitaux européens pour qu'on évitât cet avilissement de l'intérêt.

Qu'est-ce que cette situation économique dénommée « l'état stationnaire », terreur de certains économistes comme Adam Smith, tableau qui n'effraie pas, au contraire, qui séduit presque Stuart Mill? Celui-ci en a parlé longuement, a décrit avec charme l'état stationnaire qui est le résultat de « l'inévitable nécessité de voir ce fleuve « de l'industrie humaine aboutir à une mer stagnante ». Une mer stagnante, voilà comment Stuart Mill se représente l'avenir des sociétés humaines; et la baisse prolongée, accentuée, du taux de l'intérêt, est l'indice que l'on approche de cette stagnation définitive. Ce n'est pas à dire que, « quelque loin que les efforts continus de l'humanité « reculent sa destinée, les progrès de la société doivent « *échouer sur des bas-fonds de misère* »; ces mots sont de Malthus, et remplissent l'esprit d'épouvante; or nous avons dit que pour Stuart Mill l'état stationnaire offre de l'attrait. Suivant lui, l'état stationnaire se reconnaît à ces caractères que les facilités d'acquérir la richesse deviennent moins grandes, et qu'en même temps la poursuite de la richesse cesse d'être, au même degré qu'autrefois ou qu'aujourd'hui, l'objet dominant de l'humanité. Stuart Mill a horreur de l'*américanisme,* cet état de société où toutes les facultés humaines sont tendues vers un seul objet, la conquête de la fortune; « cette mêlée où l'on se « foule aux pieds, où l'on se coudoie, où l'on s'écrase, où « l'on se monte sur les talons, et qui est le type de la so- « ciété actuelle ». Ce n'est pas là, selon lui, « la destinée « la plus désirable pour l'humanité » ; c'est « simplement « une des phases désagréables du progrès industriel ». Il s'élève contre ces conditions sociales où « la vie de tout « un sexe est employée à courir après les dollars, et la vie « de l'autre à élever des chasseurs de dollars ». Il ne voit pas « qu'il y ait lieu de se féliciter de ce que des individus,

« déjà plus riches qu'il n'est besoin, doublent la faculté de
« consommer des choses qui ne leur procurent que peu
« ou point de plaisir, autrement que comme signe de ri-
« chesse; ou de ce qu'un plus grand nombre d'individus
« passent chaque année de la classe moyenne dans la
« classe riche ou de la classe des riches occupés dans celle
« des riches oisifs ». Il ne trouve à ce progrès aucun avantage, et il déclare qu'en somme il est porté à croire
que « l'état stationnaire serait bien préférable à notre con-
« dition actuelle »; et il ajoute : « Le meilleur état pour
« la nature humaine est celui dans lequel personne n'est
« riche, personne n'aspire à devenir plus riche et ne craint
« pas d'être renversé par les efforts que font les autres
« pour se précipiter en avant. »

Il faudrait citer presque complètement ces deux char-
mants chapitres de Stuart Mill sur les bienfaits de l'état
stationnaire. Combien ce point de vue diffère de celui de
Turgot! A notre sens, les idées de Stuart Mill sont plus
justes que celles de Turgot, quoique les premières aussi
contiennent quelque exagération.

Stuart Mill a trop négligé la fâcheuse, la déprimante
influence que l'état stationnaire peut avoir sur la situation
des classes moyennes : il a négligé aussi de se rendre
compte de la torpeur intellectuelle que la privation de
tout progrès ou plutôt que le ralentissement du progrès
matériel inflige à la société. De même que Turgot avait
fait une image, Stuart Mill a fait une idylle. L'état stationnaire ne s'offre pas à l'observateur attentif sous des cou-
leurs aussi riantes que celles que se représentait Stuart
Mill. Il y a dans le monde un exemple de cet état, c'est la

Chine, avec cette différence cependant que la population augmente en Chine, tandis que Stuart Mill voudrait mettre un terme à cet accroissement.

Certes l'expression d'état stationnaire ne doit pas être prise dans un sens absolu ; elle serait fausse, parce que les inventions mécaniques et les découvertes scientifiques ne s'arrêteront pas, parce qu'il y aura toujours quelque emploi utile, mais d'une utilité moindre, pour les nouveaux capitaux ; mais l'expression d'état stationnaire est vraie dans un sens relatif qui veut dire que cet état ne comporte que des améliorations de détail, lentes et médiocres, au lieu de ces soudaines, générales et prodigieuses applications de grandes découvertes scientifiques comme celles que nous avons vues depuis un demi-siècle.

Nous nous sommes arrêté à la description de l'état stationnaire, parce que la baisse du taux de l'intérêt chez les vieilles nations indique qu'on s'en approche ; ce qui ne veut pas dire qu'on en soit près. Le monde n'est pas tout entier habité, ni tout entier sous le joug de la civilisation ; l'Amérique du Nord et du Sud, l'Afrique, l'Asie centrale, l'Australie, presque toute l'Océanie, plusieurs contrées de l'Europe même, sont encore à mettre en valeur : et dans les vieilles contrées les améliorations de détail peuvent être nombreuses. Comme les hommes et, plus que les hommes, les capitaux peuvent et doivent émigrer ; une nation vieille qui se condamnerait à rester enfermée chez elle, qui considérerait comme une faute ou comme une perte l'émigration des capitaux, arriverait vite à cet état stationnaire, qui ressemblerait assez à ce qu'étaient, à la fin du dernier siècle ou au commencement de celui-ci, les petites villes des provinces les plus reculées.

Nous avons constaté les causes diverses de la baisse du taux de l'intérêt; il est résulté pour nous de cette étude que ce phénomène est dû non seulement à l'accumulation des capitaux par l'épargne, mais plus encore à la moindre productivité des nouveaux capitaux dans les vieilles contrées. Considérons maintenant quelle est et quelle sera l'influence de la baisse du taux de l'intérêt sur la répartition des fortunes.

Le premier effet de cette baisse, c'est de rendre beaucoup plus difficile la formation de fortunes nouvelles. Un autre effet simultané, c'est d'augmenter, d'enfler (ce mot est peut-être plus juste) le capital de toutes les personnes qui ont leur fortune immobilisée en terres, en maisons, en terrains ou même placée en titres de valeurs mobilières à longue échéance. Ainsi la conséquence immédiate de la baisse du taux de l'intérêt, c'est d'accroître l'inégalité entre les différentes classes de la société. Cela n'est pas contestable. Ceux qui ont acquis leur fortune pendant la période de la hausse de l'intérêt peuvent être difficilement atteints par ceux qui ont à faire leur fortune pendant la période de la baisse.

La baisse du taux de l'intérêt, dans la période où elle s'accomplit, profite d'une manière particulière aux banquiers et aux capitalistes entreprenants des grandes villes, à tous ceux qui reçoivent des fonds en dépôt et qui achètent des valeurs avec l'argent d'autrui. Cette baisse a un effet analogue à l'augmentation du numéraire ou du papier-monnaie dans les pays qui sont affligés de ce fléau. Il existait aux États-Unis, dans ces dernières années, avant la reprise des paiements en espèces, certaines catégories de personnes que l'on appelait du nom d'*inflationists* et qui réclamaient sans cesse une multiplication des signes de l'échange, des billets à cours forcé. Le changement de capitalisation dans le sens de la baisse de l'intérêt a des effets analogues à ceux que désiraient les *inflationists* américains ; il enrichit prodigieusement les sociétés de crédit, les banquiers, et par conséquent profite aux grandes villes, aux capitales où résident toutes ces personnes, aux industries de luxe, aux constructions, etc.

Un autre effet immédiat encore de la baisse du taux de l'intérêt, c'est que pendant la période du changement de capitalisation, les capitalistes oisifs ayant des titres à longue échéance gagnent plus, sans rien faire, que les commerçants habiles. La démonstration de cette vérité est aisée. En France, de 1872 à 1880, la rente 3 o/o est montée du cours de 52 francs à celui de 85, ce qui représente une hausse de 33 unités ou de près de 63 o/o en un peu plus de huit ans, soit une hausse moyenne de 8 o/o environ par année, ce qui, avec les intérêts régulièrement perçus, qui étaient de 6 o/o environ sur le capital primitif, forme un rapport annuel moyen de 13 à 14 o/o. Voilà ce qu'aurait tiré de sa fortune un commerçant qui serait sorti des affaires en 1872, qui aurait alors réalisé son fonds, et l'eût placé en rentes sur l'État, vivant depuis lors sans activité, sans souci. L'on ne court pas risque de se tromper en disant que bien peu de commerçants et d'industriels, mettant à la conduite de leurs entreprises autant de soin que d'intelligence, ont réalisé pendant les mêmes huit années un gain moyen (intérêt de leurs capitaux compris) de

13 à 14 o/o. Ainsi le rentier oisif aura dans cette période plus gagné que la moyenne des commerçants et des industriels ayant le cœur à l'ouvrage et l'intelligence de leur profession.

Tel est l'un des effets qui ont été jusqu'ici méconnus de la baisse du taux de l'intérêt. Turgot, à coup sûr, ne s'en doutait pas. La première, l'inévitable conséquence de la baisse du taux de l'intérêt, est donc d'accroître les avantages des personnes ayant déjà une fortune acquise, placée en valeurs sûres et à longue échéance. Il vient moins de nouvelles fortunes s'élever autour d'elles et leur faire concurrence. Elles ont une sorte de privilège de situation, celui des premiers venus, privilège analogue à celui des hommes qui, au début d'une civilisation ou à la naissance d'une ville, se sont emparés, par rapacité ou par l'effet du hasard, des terres les plus fertiles ou des meilleurs terrains.

La conséquence que nous venons de décrire n'est qu'une conséquence passagère, qui ne dure que pendant la période de changement du taux de capitalisation. L'effet subséquent et plus durable est inverse, c'est de rapprocher les conditions, de diminuer l'écart entre les fortunes. Les fortunes déjà faites se morcèlent ou disparaissent par les partages successoraux, par les imprudences et les prodigalités. Malgré tous les arguments que l'on invoque en faveur de l'hérédité naturelle des qualités intellectuelles et morales, il n'est pas dans la nature des choses que la capacité des affaires, la sagacité, la prévoyance, l'ordre et l'économie se maintiennent dans une même famille pendant une longue série de générations.

Alors même qu'il en serait ainsi par exception, il ne faut pas oublier que dans la constitution de toute grande fortune entre un élément extérieur à l'homme, un hasard heureux, et que cette même force aveugle, incontrôlable, le hasard, l'accident, ce que l'on appelle les fautes ou les erreurs, ne peut pas ne pas se présenter à travers les générations pour porter un coup aux fortunes d'ancienne date.

Dans le monde mobile où nous vivons, au milieu de l'agitation industrielle, commerciale, financière, une grande fortune a tant d'ennemis, est battue par tant de flots : les passions de celui qui la possède, ses illusions, ses imprudences, les variations des cours des valeurs, les mécomptes des placements, que c'est une merveille si pendant cinq ou six générations elle résiste, sans s'amoindrir, à tous ces assauts. C'est un des dictons de la vulgaire sagesse qu'il est presque aussi difficile de conserver une grande fortune que de l'édifier. Partout, en effet, où les lois n'interviennent pas avec les droits d'aînesse, les substitutions, les majorats, pour maintenir l'inégalité des conditions et pour protéger, contre les accidents, les fortunes déjà acquises, on les voit peu à peu se démembrer ou s'émietter.

Tel doit être particulièrement le cas dans une société démocratique. Car si les grandes fortunes se détruisent, la baisse du taux de l'intérêt permet plus difficilement à de nouvelles fortunes de se constituer. Il se forme moins de fortunes nouvelles, parce qu'au lieu de dix années d'épargne pour arriver à vivre de son revenu, il en faut quinze ; les 100,000 francs qui produisaient une certaine aisance alors que l'intérêt était à 5 o/o ne procurant que les trois cinquièmes de cet avantage alors que l'intérêt est tombé à 3 o/o. Il n'est pas téméraire de dire que, passé une période d'agiotage où l'ignorance et la crédulité du public donnent une proie facile aux spéculateurs, les fortunes de spéculation deviennent moindres avec la baisse du taux de l'intérêt. Un grand ministre anglais (lord Beaconsfield), dans les premiers jours de sa jeunesse, écrivait, d'après Shakspeare : « Le monde est mon huître et je l'ouvrirai à la pointe de mon épée »; pour les hommes de bourse et de finances, la foule ignorante et avide est aussi une huître qui se laisse aisément dévorer. Mais peu à peu l'éducation et l'expérience la transforment, et quoique l'on ne puisse se flatter de faire jamais disparaître de la société les deux catégories de dupeurs et de dupés, on peut espérer que l'une et l'autre se réduiront et que, avec une instruction plus sérieuse et plus générale, la masse du public finira par n'appartenir ni à l'une ni à l'autre. La spéculation, et nous voulons parler ici de celle qui est inoffensive et permise, qui n'a aucun caractère délictueux ni au point de vue du droit civil, ni au point de vue plus strict de la morale, la spéculation, c'est-à-dire le coup d'œil rapide et sûr qui discerne à l'avance les mouvements des affaires et des prix, restera toujours, plus encore que l'économie, dans l'avenir comme dans le passé, la source principale des grandes fortunes, mais elle aura moins d'action dans le monde nouveau où le marché sera plus étendu, les prix plus réguliers, les moindres variations plus tôt connues.

Quant aux fortunes moyennes donnant une complète indépendance, elles deviennent naturellement moins nombreuses dans les périodes où l'intérêt est bas. Il est alors plus difficile de vivre de ses rentes; les pensions de retraite, les assurances sur la vie, les placements à fonds perdu et les rentes viagères, toutes ces combinaisons sont moins avantageuses, parce qu'elles reposent toutes sur la capitalisation des intérêts, qu'elles sont d'autant plus fructueuses que le taux de l'intérêt est élevé, d'autant plus lentes et infécondes que le taux de l'intérêt est bas (1).

Pour acquérir une rente de 1,000 francs, il faut beaucoup plus d'annuités de 5oo francs quand le taux de l'intérêt est de 3 o/o que lorsqu'il est de 5 o/o. Il résulte de cet ensemble de faits que la situation de la classe moyenne devient alors plus dépendante : chacun est obligé de travailler, d'avoir un métier, *exercere mercaturam*, comme disait Descartes, et de prolonger un peu plus longtemps dans la vie l'exercice de sa profession. C'était l'état de la Hollande au XVIIe siècle, ce sera celui de la France au XXe siècle. L'épargne et le travail deviennent plus nécessaires pour les personnes vivant au jour le jour; en même temps l'épargne devient moins tentante pour les personnes ayant de grandes fortunes; la diminution du taux de l'intérêt équivaut en effet à une diminution de productivité de l'épargne, à une réduction des avantages que l'épargne confère. De là vient que la baisse du taux de l'intérêt a une tendance à développer les dépenses voluptuaires, le luxe; le nombre prodigieux d'hôtels qui s'édi-

---

(1) Que deviendraient les assurances sur la vie, si le taux de l'intérêt tombait à 1/2 0/0? Leurs tarifs, à l'heure actuelle, reposent sur une capitalisation à 4 0/0; il est vrai que les bénéfices et les remises aux agents représentent à peu près la moitié de la prime. Dans une période de baisse de l'intérêt, les sociétés mutuelles doivent prédominer.

fient de tous côtés dans nos grandes villes, la splendeur des mobiliers et l'accumulation des bijoux, les hauts prix atteints par les objets d'art ou de fantaisie, ce sont là des conséquences naturelles de la baisse du taux de l'intérêt. Moins le capital rapporte, plus on est porté à le convertir en objets d'agrément, d'ornement, de parure. Les deux extrêmes de la civilisation, la barbarie et l'insécurité des sociétés primitives et l'abondance ainsi que la diminution de productivité des capitaux dans les sociétés très avancées produisent ainsi le même effet : un luxe exubérant et extravagant, de même que l'extrême froid et l'extrême chaleur donnent la même sensation.

La pensée de Stuart Mill, que l'état stationnaire, c'est-à-dire un état où le taux d'intérêt est très bas, par suite de la diminution de productivité des nouveaux capitaux, la pensée que cet état amène une plus grande modération dans les désirs des hommes n'est donc pas absolument vraie; du moins elle ne l'est point au début de l'état stationnaire, elle ne le devient qu'à la longue. Ce qui est certain, c'est que, après une période de transition, la baisse du taux de l'intérêt doit fatalement amener un rapprochement des conditions. On voit combien est faux le mot si souvent répété par la haine ou la crédulité que les riches deviennent chaque jour plus riches et les pauvres chaque jour plus pauvres.

Ce serait une recherche instructive que celle de l'influence qu'exerce la baisse du taux de l'intérêt sur le mouvement des prix. Il ne peut y avoir aucun doute que cette baisse doit avoir pour effet d'amener une certaine baisse dans les prix, toutes choses restant égales, d'ailleurs, quant à la production des métaux précieux, quant aux salaires et quant aux arts industriels. Tous les produits manufacturés, dans le prix desquels entre l'intérêt du capital, ont une tendance à baisser, mais cette baisse est très inégale, et parfois elle peut être compensée par une hausse de la matière première, ou par une hausse du salaire. Il se pourrait que la médiocrité du taux de l'intérêt influât à la longue sur le prix des loyers, les fît baisser ou, du moins, les rendît stationnaires. En effet, plus l'intérêt est bas, plus on est porté à immobiliser le capital, à construire des maisons pour lesquelles on se contenterait d'un revenu moindre que celui qu'on eût considéré auparavant comme indispensable. Dans la période où l'intérêt est à 5 o/o, il faut qu'une maison coûtant 5oo,ooo francs à construire rapporte net, déduction faite de tous frais et de tout risque, 25,ooo francs au capitaliste qui l'a édifiée, sans quoi il a fait une mauvaise affaire; dans la période où le taux d'intérêt est à 3 o/o, il suffit que cette maison produise 15,ooo francs pour que la construction en ait été rémunératrice. La baisse du taux de l'intérêt devrait donc faire baisser les loyers, et il n'y a aucun doute qu'elle n'amenât ce résultat, si d'autres causes n'agissaient en sens contraire. Il se peut, en effet, que la baisse du taux de l'intérêt soit compensée en partie par la hausse du prix des terrains, si toutefois le privilège de situation des terrains du centre n'a pas été diminué par le perfectionnement des voies de communications urbaines et suburbaines, comme on l'a démontré dans un précédent chapitre. Il se peut surtout que l'influence de la baisse du taux de l'intérêt relativement au taux des loyers soit neutralisée par les exigences des ouvriers et par la hausse des salaires. C'est ce qui arrive, au moment où nous écrivons, dans les grandes villes d'Europe, à Paris particulièrement. Quoi qu'il en soit, même dans ces circonstances, la baisse du taux de l'intérêt est un facteur énergique du rapprochement des conditions sociales ; puisque, si les loyers restent élevés, ce n'est pas que les propriétaires des maisons nouvelles tirent de leur capital un revenu très considérable, c'est que les salaires accrus des ouvriers ont forcé à dépenser plus de capitaux pour obtenir le même résultat. C'est encore là une démonstration de la vérité sur laquelle nous avons si souvent insisté : la moindre productivité des nouveaux capitaux dans les vieilles contrées.

La baisse du taux de l'intérêt doit se faire sentir aussi sur les produits agricoles : ceux-ci doivent avoir une tendance à diminuer de prix, si l'accroissement de la population n'est pas trop rapide et si l'on permet en franchise l'entrée des produits étrangers. Les capitaux, dans cet état de choses où il leur est si difficile de trouver une rémunération convenable, doivent revenir peu à peu à la terre : les drainages, les irrigations, les fumures, améliorations qui rapportent peu, 2, 3 ou 3 1/2 o/o doivent reprendre faveur.

Ce phénomène, si important et jusqu'ici médiocrement étudié, de la baisse du taux de l'intérêt, a aussi une influence sur les rapports de l'État et des individus (on s'en aperçoit en France aujourd'hui, mais presque tout le monde en ignore la cause). Dans une société qui approche de la situation stationnaire, on est beaucoup plus exigeant envers l'État, le gouvernement. On le pousse à tout entreprendre ; on a une tendance à étendre démesurément ses attributions et à compliquer son rôle. On se plaint à lui de ne plus trouver de placements rémunérateurs ; on prétend qu'il doit diriger et faire travailler l'épargne nationale ; on réclame de lui l'esprit d'initiative qui manque aux particuliers. On veut faire de lui une Providence et le grand moteur des progrès sociaux. C'est le vice de la démocratie, dit-on. Sans doute, mais il y a à cette situation morale une cause économique plus profonde et qui a passé inaperçue. Cette cause, c'est simplement la baisse du taux de l'intérêt, la réduction de la productivité des nouveaux capitaux ; les entreprises nouvelles très rémunératrices font défaut ; on ne s'aperçoit pas que c'est un effet de la nature des choses, ou l'on a la pensée confuse que l'État peut faire violence à cette dernière. A mesure que les particuliers deviennent plus inertes et moins entreprenants, on voudrait que l'État fût plus actif.

On pousse l'État et les municipalités aux dépenses que l'on suppose reproductives. Il n'est si mince bourgade, se qualifiant du nom de ville, qui ne doive avoir son chemin de fer, ni hameau si infime qui ne doive posséder une bonne route. On n'établit plus aucun rapport entre le prix d'un travail public et l'utilité qui en résulte. La seule apparence de la productivité, si minime qu'elle soit, d'une entreprise, suffit pour que l'État soit obligé de s'en charger. Bien plus, on contraint le gouvernement et les municipalités aux dépenses voluptuaires. Démolir pour reconstruire, dépenser pour dépenser, devient inconsciemment une habitude et un programme. Dans leurs rapports aux Chambres et dans leurs circulaires, les ministres s'excusent de n'avoir pas dépensé davantage et promettent d'être plus prodigues l'année suivante. C'est aux dépenses qu'elle fait qu'on est tenté de mesurer le mérite d'une administration. La civilisation d'un peuple paraît être proportionnelle à la grosseur de son budget.

C'est la baisse du taux de l'intérêt qui est la cause de ces entraînements extravagants. Ne faut-il pas que l'État fasse travailler l'épargne nationale ? L'État est un intendant auquel on ne reproche pas la prodigalité. C'est une tentation si grande que la facilité que l'on a d'emprunter à 3 ou 3 1/2 o/o. Les financiers donnent alors carrière libre à leur imagination ; on écrit des livres ou des chapitres qui ont pour titres : *De la systématisation des emprunts publics, de la réforme de l'impôt par l'emprunt,* etc. ; et toutes ces propositions désordonnées trouvent des approbateurs. La baisse du taux de l'intérêt exerce donc une influence profonde sur l'état social, sur les relations des individus et du gouvernement ; elle est une des principales causes qui amènent le développement de ce que nous avons appelé le socialisme d'État. Elle peut avoir pour conséquence d'accroître l'organisme gouvernemental, de faire du gouvernement un plus grand industriel, un plus grand commerçant, un plus grand entrepreneur, d'augmenter son influence sur le marché des capitaux, sur le marché du travail et de l'y rendre prépondérante ; c'est là un risque pour les libertés politiques.

La baisse du taux de l'intérêt est aussi favorable aux faiseurs de projets (1). Dans les périodes où le taux de

____

(1) Nous montrerons, dans un chapitre postérieur, qu'elle n'est pas avantageuse, au moins d'une manière permanente, aux industriels et aux commerçants sérieux.

l'intérêt est élevé, sous le second Empire par exemple, les entreprises purement chimériques sont moins nombreuses : chacun trouvant facilement des placements rémunérateurs dans de grandes œuvres largement productives, comme la construction de chemins de fer, celles d'eaux et de gaz, les épargnes du pays vont presque toutes dans la même direction et affluent à quelques catégories bien connues de travaux. Il en est autrement dans les périodes où le taux de l'intérêt est très bas, comme dans les dix dernières années du règne de Louis-Philippe, ou comme dans les deux ou trois dernières années écoulées au moment où nous écrivons. C'est alors que les idées les plus fallacieuses attirent à elles de nombreux capitaux ; chacun est à l'affût d'un placement qui ait l'apparence d'être rémunérateur ; la déperdition des capitaux devient énorme.

La baisse du taux de l'intérêt n'est donc pas sans présenter des résultats fâcheux. Turgot et Stuart Mill ont eu à ce sujet un optimisme exagéré. Néanmoins les conséquences générales de ce phénomène, surtout après que la période de transition est passée, sont plutôt heureuses. Si le goût de l'épargne diminue dans certaines classes, particulièrement dans les classes élevées, il augmente dans certaines autres, dans la partie inférieure de la classe moyenne et dans les couches populaires. L'instruction développe la prévoyance. Une partie considérable de l'humanité, toute la clientèle des déposants aux caisses d'épargne, se contente d'un intérêt de 3 o/o ; et, d'après les recherches de M. de Malarce, ces déposants pour toutes les contrées civilisées sont au nombre de dix millions. Nos pères, alors que les placements mobiliers étaient peu répandus et que la classe moyenne consacrait ses économies à l'achat de terres, se contentaient d'un intérêt de 2 1/2 à 3 o/o. Chacun sera obligé de faire ainsi à l'avenir, et c'est une résignation que la nécessité rendra facile. Si, d'ailleurs, le goût de l'épargne s'accroît par l'éducation, on a en outre, comme le faisait remarquer Jean-Baptiste Say, « perfectionné l'art d'épargner comme l'art de produire (1) ». Cette réflexion est bien plus juste encore aujourd'hui qu'au moment où écrivait le célèbre économiste ; la multiplication des caisses d'épargne, les caisses d'épargne postales, les caisses d'épargne scolaires, les caisses de retraite, les assurances sur la vie, les petites coupures de valeurs mobilières, les obligations à lots, les achats ou les paiements d'immeubles par annuités, ce sont là des modes infiniment variés et fort améliorés de l'épargne. Il était utile qu'ils coïncidassent avec la réduction considérable du taux de l'intérêt qui, dans une certaine mesure, doit ralentir le mouvement de l'épargne. N'oublions pas qu'autrefois des classes entières, les paysans par exemple, thésaurisaient, c'est-à-dire épargnaient sans jouir de l'intérêt de leurs économies. Ainsi le revenu de 2 1/2 ou 3 o/o, qui peut paraître décourageant pour l'homme riche habitué à une rémunération supérieure, est encore suffisamment attrayant pour la masse de la nation.

De toutes les circonstances que nous venons d'analyser, il résulte que la baisse du taux de l'intérêt, coïncidant avec la hausse des salaires, rend plus facile à tous l'acquisition d'une certaine et très modeste aisance, mais beau-

____

(1) *Traité d'économie politique*, t. I, p. 135.

coup plus difficile, l'acquisition de la richesse. Cette proposition a été parfois contestée, par Jean-Baptiste Say entre autres; dans un passage de son *Traité d'économie politique*, Say paraît admettre dans une phrase incidente que « l'accumulation des capitaux tend à augmenter l'inégalité des fortunes ». Il est évident qu'il y a moins d'égalité des conditions dans une société civilisée où les capitaux augmentent que chez un peuple sauvage qui n'a pas de capitaux du tout. Mais il est hors de doute que la baisse du taux de l'intérêt est, à la longue, contraire à la classe des riches capitalistes et des rentiers. L'instinct de nos pères, à défaut de science, les en avertissait avec une grande sûreté. Forbonnais rapporte que les Français du XVIIe siècle considéraient la baisse du taux de l'intérêt « comme contraire aux intérêts de la noblesse de robe », et ils avaient raison.

La baisse du taux de l'intérêt équivaut à une dépossession graduelle d'une partie des avantages dont jouissait la classe des capitalistes et des rentiers. Cette vérité est rendue très sensible par les opérations si fréquentes et si connues que l'on appelle les conversions de dettes publiques. Une conversion de dette publique consiste dans la substitution d'une dette nouvelle, portant un intérêt moins élevé, à une dette ancienne portant un intérêt plus élevé : transformation aussi judicieuse que légitime qui fait profiter le créancier, que ce soit l'État, une ville ou un particulier, de l'amélioration du crédit public, du bon marché croissant des capitaux. Ces conversions de dettes se font chaque jour sans qu'on y pense : les particuliers, les compagnies privées, les corporations, les municipalités, les départements ou les provinces y recourent; et c'est seulement quand l'État veut suivre à son tour l'exemple général qu'on ouvre les yeux et qu'on s'aperçoit, dans un cas particulier, d'un phénomène devenu universel.

Nous ne nous arrêterons pas à ces conversions de dettes publiques dont nous avons examiné le principe et décrit les applications dans un autre ouvrage. Anglais, Américains, Belges, Suisses, Allemands, toutes les nations en ont fait usage; les Français moins que d'autres, à cause de leur excessive timidité et de la faveur qu'ils sont toujours portés à accorder aux intérêts particuliers au détriment de l'intérêt général. La nature travaille en quelque sorte, dans les vieilles sociétés, par l'abaissement de l'intérêt des capitaux, à la libération graduelle, progressive, si ce n'est totale, des débiteurs; elle a une tendance à rétablir l'équilibre des conditions en diminuant d'une manière presque constante les avantages des créanciers. Prenons-en un exemple frappant : la première conversion de dette publique se fit en Angleterre sous Walpole; les anciens fonds 6 o/o furent convertis en 5 o/o, puis successivement en 4, en 3 1/2, en 3 1/4, en 3 o/o; ils l'auraient été déjà en 2 1/2 si, à partir de 1853, l'Europe n'était rentrée dans la période des guerres et des armements à outrance; mais ce n'est que partie différée et l'on peut prévoir le jour prochain où toute la dette publique anglaise sera convertie en 2 1/2. Quoi qu'il en soit, ne tenons pas compte de cette réduction future et contentons-nous de celles qui ont été réalisées; considérons une famille anglaise du temps de Walpole avant la première conversion de la dette britannique : elle jouissait alors par hypothèse d'un revenu de 12,000 francs sur l'échiquier anglais ; c'était la richesse, l'indépendance, même l'opulence : supposons que cette famille, sans aucun accroissement de ses membres, sans augmentation de son capital par l'épargne, sans déperdition par les accidents, ait conservé exactement la même créance sur le Trésor britannique ; les conversions successives auront graduellement réduit sa rente annuelle en rente de 10,000, puis de 8,000, de 7,000 et enfin de 6,000 francs ; dans le même temps, le prix des choses aura triplé ou quadruplé ; et d'une situation de large opulence, de grande indépendance, de bien-être assuré, cette famille sera graduellement descendue à une situation médiocre, modeste, restreinte et dépendante. Tel est l'effet de la baisse du taux de l'intérêt ; c'est ainsi que cette cause travaille à l'égalité des conditions. Au lieu de l'exemple pris en Angleterre à partir de Walpole, nous aurions pu en emprunter un aux États-Unis, qui successivement ont converti leur 6 o/o en 5, en 4 et un jour le transformeront en 3 o/o (1). Tel est le double mouvement de la civilisation : avilissement des capitaux, renchérissement du travail ; ces deux causes combinées ont des effets d'une formidable puissance.

Cette marche de la civilisation est conforme à la justice. Un financier très sagace, Laffitte, a écrit une fort belle page à ce sujet : « Reconnaissons, dit-il, quel est en géné-« ral l'état du capitaliste dans la société. C'est ordinaire-« ment celui qui a travaillé et qui ne travaille plus, ou,

---

(1) Nous renvoyons le lecteur à notre *Traité de la science des finances*, t. II, où nous donnons la théorie des conversions de dettes publiques.

« plus exactement encore, c'est celui dont les pères ont
« travaillé autrefois et l'ont dispensé de travailler aujour-
« d'hui. Il prête donc ses capitaux à ceux qui n'ont pas
« acquis la faculté de se reposer, et, il faut en convenir,
« il mérite, à ce titre, bien moins d'intérêt que l'homme
« industrieux qui paie actuellement son pain par ses
« sueurs. Sans doute, cet oisif fortuné n'en a pas moins
« ses droits, car il faut respecter le travail dans celui même
« qui se repose; il faut respecter le travail du père dans
« le capital du fils; mais peut-on empêcher les effets de la
« loi commune qui avilit sans cesse les capitaux en aug-
« mentant leur abondance? L'homme qui vit sur une
« œuvre passée doit devenir continuellement plus pauvre,
« parce que le temps le transporte, avec la richesse d'au-
« trefois, au milieu d'une richesse toujours croissante et
« plus disproportionnée à la sienne. A défaut du travail il
« n'y a qu'un moyen de soutenir au niveau des valeurs
« actuelles, c'est de diminuer ses consommations; il faut
« ou travailler, ou se réduire. Le capitaliste a le rôle de
« l'oisif, sa peine doit être l'économie, elle n'est pas trop
« sévère. »

Tels sont les effets de la baisse du taux de l'intérêt,
quand les lois et les gouvernements laissent libre cours à
la nature des choses. La formation et la conservation de
grandes fortunes, donnant une large indépendance, per-
mettant une oisiveté héréditaire, deviennent beaucoup
plus difficiles. Le nombre des oisifs héréditaires est infiniment moindre aujourd'hui qu'il y a cent ans, quoique nous
sortions d'une période où le taux de l'intérêt a été pendant vingt ans très élevé : ce nombre ira encore en dimi-

nuant. Il n'y a donc aucun doute que la baisse de l'intérêt du capital ne nous conduise à une plus grande égalité des conditions.

Cette baisse du taux de l'intérêt et l'avènement de l'état stationnaire qui en serait promptement la conséquence sont, cependant, retardés par certains événements. Les guerres, les crises commerciales, le gaspillage des capitaux par l'État et les particuliers surviennent de temps à autre pour interrompre l'action régulière de l'accumulation des épargnes. D'autre part, de grandes découvertes qui ouvrent subitement à l'activité humaine et à l'emploi des capitaux de nouveaux champs productifs ont le même effet : l'invention de la vapeur comme force motrice a été la grande cause du relèvement du taux de l'intérêt dans la période de 1840 à 1867. Enfin l'émigration des capitaux des vieux pays vers les contrées neuves ralentit aussi dans les contrées anciennement civilisées la baisse du taux de l'intérêt et éloigne l'avènement de l'état stationnaire. C'est cette troisième cause qui est à l'heure actuelle la plus active et qui le restera jusqu'à ce que le monde entier soit exploité.

Cette émigration de capitaux, quand elle ne représente qu'une fraction de l'épargne annuelle et qu'elle n'entame pas le fonds national, est un phénomène essentiellement bienfaisant. Elle étend en quelque sorte le territoire en donnant à la nation des créances productives sur l'étranger. Elle permet un excédent des importations sur les exportations, et bien loin que cet excédent indique que le pays importateur paie un tribut au dehors, c'est au contraire le mode qu'adopte l'étranger pour s'acquitter du tribut annuel qu'il doit pour l'intérêt et les profits des capitaux émigrés jadis des vieilles contrées. C'est ainsi que l'Angleterre a peut-être pour 5o ou 6o milliards de francs de capitaux essaimés sur tous les points du globe et qui lui produisent un revenu de 2 ou 3 milliards de francs ; c'est ainsi que la France, entrée plus tard et moins résolument que l'Angleterre dans cette voie, possède au moins 20 milliards de créances productives sur l'étranger dont elle tire un milliard de revenu net par année.

Très divers, d'ailleurs, sont les modes d'émigration des capitaux ; le plus apparent et le plus connu, c'est la souscription à des émissions de titres soit d'emprunts d'État, soit de sociétés privées, mais ce n'est là qu'un des procédés variés par lesquels le capital surabondant des vieux pays s'embarque pour les pays neufs. Les épargnes qu'emportent les émigrants qui ont l'esprit de retour sont une autre forme de ce placement de capitaux au dehors. Il y a d'autres procédés moins ostensibles et qui ont une assez grande importance : ainsi, les commissionnaires parisiens sont les commanditaires des acheteurs étrangers ; ils ont avec leurs correspondants lointains des comptes qui durent deux, trois, quatre ans, qui rarement sont complètement soldés en espèces, qui rapportent des intérêts modiques vu le prix des capitaux dans les jeunes pays, élevés, au contraire, vu le prix des capitaux dans les pays vieux. C'est ainsi que des commissionnaires parisiens sont souvent les créanciers, pour des sommes considérables, de leurs correspondants de la Plata, du Chili, du Brésil, faisant payer sur ces sommes un intérêt de 7, 8 ou 9 o/o, ce qui est à l'avantage des deux parties. Voilà une des formes de l'émigration des capitaux. Ce sont les capitaux de la vieille Europe qui vont en grande partie mettre en valeur les contrées lointaines et qui y suscitent une abondante production de matières premières et de denrées alimentaires, au grand avantage du consommateur européen et au détriment du privilège dont jouissait dans les vieilles contrées le propriétaire national. Si l'émigration des capitaux retarde, dans une certaine mesure, l'avènement de l'état stationnaire, elle contribue, cependant, elle aussi, au rapprochement des conditions humaines.

Telles sont les diverses faces de ce phénomène si important, si considérable, de la baisse du taux de l'intérêt dans les vieux pays. Après une première période de perturbation, où il tend plutôt à accroître qu'à réduire l'inégalité des richesses, il arrive enfin à produire tous ses effets bienfaisants, et à former une société où les situations sont plus semblables, où l'activité est plus générale, tout en étant moins exubérante, où l'oisiveté héréditaire n'est plus qu'exceptionnelle, où il est presque impossible de former de grandes fortunes, difficile d'en conquérir de moyennes, où il devient facile, au contraire, de parvenir à l'aisance.

Paris. — Typ. Firmin-Didot et Cⁱᵉ, impr. de l'Institut, rue Jacob, 56. — 21530.

www.ingramcontent.com/pod-product-compliance
Ingram Content Group UK Ltd.
Pitfield, Milton Keynes, MK11 3LW, UK
UKHW022345120726
13694UKWH00004B/1686